TRAITÉ COMPLET

DE L'ACCORD

DU

PARTICIPE PASSÉ FRANÇAIS;

DEUX RÈGLES,

AYANT CHACUNE UNE EXCEPTION UNIQUE,

et donnant lieu à une seule remarque;

renfermant de très-nombreux exemples raisonnés

QUI OFFRENT TOUTES LES ANALOGIES DE PHRASES OÙ FIGURE LE PARTICIPE PASSÉ,
ET PAR CONSÉQUENT LA SOLUTION RAISONNÉE
DE TOUTES LES DIFFICULTÉS QU'IL OFFRE POUR L'ACCORD ;

OUVRAGE ENTIÈREMENT NEUF,

ET UTILE A TOUTES LES PERSONNES DÉSIREUSES DE PARLER ET D'ÉCRIRE
CORRECTEMENT LA LANGUE FRANÇAISE ;

PAR

MADAME CHARRIER-BOBLET,

Auteur de : *Traité de l'Emploi de la Majuscule, de l'Accent*, etc.. — *Cours d'Orthographe pratique pour les enfants de cinq à sept ans*; — *L'Orthographe enseignée par la pratique aux enfants de sept à neuf ans*. — *Chronologie des rois de France*, etc., etc.,

ET L'UNE DES FONDATRICES DU COURS D'ÉMULATION.

QUATRIÈME ÉDITION,

REVUE, CORRIGÉE ET AUGMENTÉE.

PARIS,

LIBRAIRIE CLASSIQUE DE Mᵐᵉ Vᵉ MAIRE-NYON,

QUAI CONTI, 13;

COLAS, LIBRAIRE, RUE DAUPHINE, 32;

L'AUTEUR, RUE PAVÉE SAINT-ANDRÉ, 12.

TRAITÉ COMPLET

DE L'ACCORD

DU

PARTICIPE PASSÉ FRANÇAIS;

DEUX RÈGLES,

AYANT CHACUNE UNE EXCEPTION UNIQUE,

et donnant lieu à une seule remarque;

renfermant de très-nombreux exemples raisonnés

QUI OFFRENT TOUTES LES ANALOGIES DE PHRASES OÙ FIGURE LE PARTICIPE PASSÉ,
ET PAR CONSÉQUENT LA SOLUTION RAISONNÉE
DE TOUTES LES DIFFICULTÉS QU'IL OFFRE POUR L'ACCORD;

OUVRAGE ENTIÈREMENT NEUF,

ET UTILE A TOUTES LES PERSONNES DÉSIREUSES DE PARLER ET D'ÉCRIRE
CORRECTEMENT LA LANGUE FRANÇAISE;

PAR

MADAME CHARRIER-BOBLET,

Auteur de : *Traité de l'Emploi de la Majuscule, de l'Accent*, etc. — *Cours d'Orthographe pratique
pour les enfants de cinq à sept ans.* — *L'Orthographe enseignée par la pratique aux enfants
de sept à neuf ans.* — *Chronologie des rois de France*, etc., etc.;

ET L'UNE DES FONDATRICES DU COURS D'ÉMULATION.

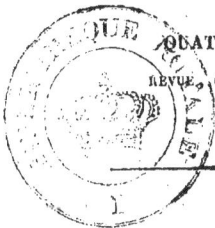

QUATRIÈME ÉDITION,

REVUE, CORRIGÉE ET AUGMENTÉE.

PARIS,

LIBRAIRIE CLASSIQUE DE Mme Ve MAIRE-NYON,
QUAI CONTI, 13;

COLAS, LIBRAIRE, RUE DAUPHINE, 32;

L'AUTEUR, RUE PAVÉE SAINT-ANDRÉ, 12.

1846

SYNTAXE D'EMPLOI

du

PARTICIPE PASSÉ

(OU ADJECTIF PASSIF).

PRINCIPE IDÉOLOGIQUE D'EMPLOI.

1° Le participe passé est un mot qui se joint au substantif pour indiquer que l'être (ou la chose) a souffert l'effet de l'action ou de la manière d'être, a été possédé, etc., etc. *

PRINCIPE GRAMMATICAL D'EMPLOI.

2° Le participe passé est toujours, en français, employé avec un mot du verbe *être*, ou avec un mot du verbe *avoir* (exprimé ou sous-entendu).

De ce principe découleront deux règles :

On jugera d'après la règle première les participes employés avec un mot du verbe *être*, et d'après la règle seconde les participes employés avec un mot du verbe *avoir*.

Le participe passé et le mot du verbe *avoir* avec lequel il est combiné s'identifient tellement l'un avec l'autre qu'ils n'expriment plus, pour ainsi dire, qu'une idée unique ; qu'ils ne forment plus en logique qu'un seul verbe en quelque sorte ; ainsi, *j'ai révélé* offre presque le même sens que *je révélai* : — il faut néanmoins, dans ces alliances de mots, reconnaître deux éléments bien distincts, 1° un verbe (mot actif) qui est toujours joint au sujet (mot actif) de la phrase, et en doit prendre le nombre et la personne ; — et 2° un participe (ou mot passif) qui a toujours rapport au complément ou régime direct (mot passif) de la phrase dont, moyennant certaines conditions, il adopte le genre et le nombre.

Dans cet opuscule nous désignerons sous le nom de *verbe logique* cette réunion d'un mot du verbe *avoir* avec un participe passé.

---

* On peut comprendre par cette définition et par cet aperçu combien est logique et précieuse la dénomination d'*adjectif passif* donnée par certains grammairiens au participe passé.

PREMIÈRE PHRASE-TYPE. *Tous les* maux *sont* venus *de la triste Pandore.*
Voltaire.

Ire RÈGLE.

Le participe passé (*adjectif passif*) employé avec un mot du verbe *être* (exprimé ou sous-entendu) prend toujours le genre et le nombre du substantif (ou du pronom), qui est le **sujet** du verbe *être*.

Ce substantif (ou ce pronom) sujet répond toujours à la question : *Qui est-ce qui est?* ou *qu'est-ce qui est? Qu'est-ce qui fut?* faite avant le participe, en cette sorte : Qu'est-ce qui est *venu?* (Voir la règle IIe, page 7.)

APPLICATIONS DE LA PREMIÈRE RÈGLE.

EXEMPLES :	EXPLICATIONS :
La *source* de presque tous les maux est TARIE dès que vous vivez selon Dieu. Massillon.	Qu'est-ce qui est *tari?* La *source*, féminin singulier, sujet du verbe *est* : le participe *tari* doit donc s'écrire au féminin singulier *tarie*.
C'est par le motif seul que *sont* ENNOBLIES les *actions*, quelles qu'elles soient (1).	Qu'est-ce qui est *ennobli?* Les *actions*, féminin pluriel, sujet du verbe *sont*; le participe *ennobli* doit donc s'écrire au féminin pluriel *ennoblies*.

Nota. **On doit toujours avoir soin de faire étudier à l'élève les notes après chacune des phrases auxquelles elles se rattachent.**

Les petits *esprits sont* facilement BLESSÉS des petites choses ; les grands esprits voient toutes les choses, et ne *sont* OFFENSÉS (2) d'aucune d'elles. *Pour : Et ils ne sont offensés d'aucune d'elles.* Imité de J. J. Rousseau.	1° Qui est-ce qui est *blessé?* Les petits esprits, sujet du verbe *sont*. 2° Qui est-ce qui n'est point *offensé? Ils* sous-entendu, rappelant les grands esprits, et sujet du verbe *sont* : ces deux mots *esprits* et *ils* étant masculins pluriels, les deux participes doivent être écrits au masculin pluriel *blessés, offensés*.
Est-il ÉCHAPPÉ quelque indiscrétion à sa jeunesse? (de la reine (3).) (Bossuet.)	Qu'est-ce qui est *échappé? Il* (pour cela), masculin singulier et sujet du verbe *est* : or le participe *échappé* doit être au masculin singulier.

---

(1) Le participe passé (*adjectif passif*), employé avec un mot du verbe *être*, prend *toujours* le genre et le nombre du sujet du verbe *être*, quand bien même ce sujet du verbe *être* ne serait placé dans la phrase qu'après le participe.

(2) Le participe passé, employé avec un mot du verbe *être*, prend *toujours* le genre et le nombre du sujet du verbe *être*, lors même que ce sujet est sous-entendu.

(3) Puisque c'est uniquement et invariablement du *sujet* du verbe *être* que le participe passé employé avec un mot du verbe *être* prend le genre et le nombre, il ne s'accordera jamais avec le substantif complément par apposition (ou *attribut*).

Sans cette remarque, on eût été en quelque sorte tenté, dans l'exemple de Bossuet : *Est-il échappé*, etc., d'accorder au féminin le participe *échappé* avec le substantif complément par apposition *indiscrétion*, parce que ce substantif a un sens beaucoup plus déterminé que le sujet indéfini *il*.

4 ACCORD DU PARTICIPE PASSÉ (ADJECTIF PASSIF)

EXEMPLES :

Les glaives, les couteaux sont déjà PRÉPARÉS (4). (Racine, *Esther.*)

EXPLICATIONS :

Qu'est-ce qui est *préparé? Ils,* sujet sous-entendu, masculin pluriel, rappelant les deux substantifs masculins *glaives* et *couteaux;* or le participe doit s'écrire au masculin pluriel *préparés.*

La palme et la couronne étaient déjà PRÉSENTÉES au vainqueur (5).

Qu'est-ce qui était *présenté? Elles,* sujet sous-entendu, féminin pluriel (rappelant les deux substantifs féminins *palme* et *couronne*); or le participe doit s'écrire au féminin pluriel *présentées.*

Une chèvre, un mouton et *un cochon* gras *étaient* MONTÉS sur un même char (6).

Qu'est-ce qui était *monté? Ils,* sujet sous-entendu, masculin pluriel (rappelant le substantif féminin *chèvre,* et les deux substantifs masculins *mouton* et *cochon*); or le participe doit s'écrire au masculin pluriel *montés.*

Des *tyrans* habiles *sont* parfois plus AIMÉS que de bons rois (7).

Qu'est-ce qui est *aimé?* (Un nombre de) *tyrans, des tyrans* habiles ; le substantif *tyrans* qualifie le sujet *nombre* sous-entendu, et remplace ici ce véritable sujet ; c'est avec ce substantif que l'on doit accorder le participe ; on doit donc l'écrire au masculin pluriel.

Ma fille, soyez aimable pour *être* AIMÉE de vos compagnes (8).

Signifie : Soyez aimable pour (vous, f. s.) être aimée, etc.

Qui est-ce qui doit être aimé? *vous,* mot sous-entendu, féminin et singulier, avec lequel l'infinitif *être* est en rapport. Le participe *aimée* doit donc s'écrire au féminin singulier.

---

(4) Lorsqu'un participe passé, employé avec *être,* semble ajouté à plusieurs substantifs masculins, il s'écrit toujours au genre masculin et au nombre pluriel, parce que, dans ce cas, il est véritablement ajouté au sujet masculin pluriel sous-entendu *ils* (ou *qui,* etc.), rappelant ou groupant les divers substantifs masculins exprimés.

(5) Lorsqu'un participe passé, employé avec *être,* semble ajouté à plusieurs substantifs féminins, il s'écrit toujours au genre féminin et au nombre pluriel, parce que, dans ce cas, il est véritablement ajouté au sujet féminin pluriel sous-entendu *elles* (ou *qui,* etc.), rappelant ou groupant les divers substantifs féminins exprimés.

(6) Lorsqu'un participe passé, employé avec *être,* semble ajouté à plusieurs substantifs dans lesquels il y en a de masculins et de féminins, il est véritablement ajouté au sujet masculin pluriel *ils* (à qui ou à *eux*) sous-entendu (puisque *tout mot qui groupe ou rappelle plusieurs substantifs de genre différent est masculin et pluriel*).

(7) Lorsque le véritable sujet du verbe *être,* étant sous-entendu, est en quelque sorte remplacé par un substantif précédé de la préposition *de,* c'est avec ce substantif qualifiant et remplaçant le sujet que le participe passé s'accorde, car c'est lui qu'il modifie.

(8) Lorsque c'est l'infinitif *être* ou le participe présent *étant* qui paraît avant le participe passé, celui-ci prend le genre et le nombre du substantif avec lequel l'infinitif *être* (ou le participe présent *étant*) est en rapport.

EXEMPLES :

Nous voyons des montagnes AFFAIS-SÉES (9).

Pour : Des montagnes qui sont *affaissées* *.

Buffon.

EXPLICATIONS :

Qu'est-ce qui est *affaissé?* Qui, sous-entendu (pour *montagnes*), féminin pluriel, sujet du verbe *sont* sous-entendu ; or le participe doit s'écrire au féminin pluriel *affais-sées*.

Je plains Rome, César, et je la vois TRAHIE (9). (Voltaire.)

Pour : Je la vois qui est trahie.

Qui est-ce qui est *trahi?* Qui, sous-entendu (pour Rome), féminin singulier, sujet du verbe *est*, sous-entendu ; or le participe doit s'écrire au féminin singulier *trahie*.

Tenez toujours DIVISÉS les méchants (9);
La sûreté du reste de la terre
Dépend de là. (La Fontaine.)

Pour : Tenez les méchants de manière à ce qu'ils soient *divisés*.

Qui est-ce qui doit être tenu *divisé?* Ils, sous-entendu (pour *méchants*), masculin pluriel et sujet du verbe *soient* sous-entendu ; or le participe doit s'écrire au masculin pluriel *divisés*.

Les *flèches* d'Hercule *avaient été* TREMPÉES dans le sang de l'hydre de Lerne (10).

Qu'est-ce qui est (ou qu'est-ce qui fut) *trempé?* Les *flèches*, féminin pluriel; or le participe doit s'écrire au féminin pluriel *trempées*.

---

* *Toute phrase dans laquelle le participe passé est employé sans qu'aucun mot du verbe être ou du verbe avoir le précède, est une phrase elliptique.*

(9) Pour bien orthographier les participes dans les phrases elliptiques, il faut d'abord rétablir, en esprit au moins, ce qui est sous-entendu ; puis ensuite appliquer la règle première ou la règle seconde, comme s'il n'y avait pas eu d'ellipse.

Par conséquent on doit écrire :

Puisque ces phrases signifient :

ATTENDUS, prévus, les événements les plus fâcheux nous trouvent presque insensibles.. } Lorsqu'*ils sont* ATTENDUS, les événements, etc., etc.

EXCEPTÉES de la loi commune, certaines femmes semblent croître à la fois en âge et en beauté.................................. } Parce qu'*elles sont* EXCEPTÉES de la loi commune, certaines femmes, etc.

ouïs par d'indiscrets serviteurs, ces propos furent répétés........................... } Comme *ils furent* ouïs par d'indiscrets serviteurs, ces propos, etc.

PASSÉES dans une société agréable, les heures semblent bien courtes............. } Lorsqu'*elles sont* PASSÉES dans une société agréable, etc.

SUPPOSÉES vraies, ces circonstances sont effrayantes............................. } Si *elles sont* SUPPOSÉES vraies, ces circonstances sont, etc.

VUS de loin, ces rochers paraissent moins hauts qu'ils ne le sont.................... } Lorsqu'*ils sont* vus de loin, ces rochers, etc.

Tandis qu'on doit écrire le participe passé au masculin singulier dans :

Signifiant :

1° Il fut exempté des charges publiques, *attendu* ses infirmités.................. } Il fut exempté des, etc., après qu'on eut *attendu* (ou fait attention à) ses infirmités;

2° J'aime tous les hommes, *excepté* les méchants, etc., etc.................... } J'aime tous les hommes après avoir *excepté* les méchants, etc.

puisque les explications de la seconde colonne prouvent que dans ces phrases les participes qui font le sujet de la difficulté, étant employés avec un mot du verbe *avoir*, doivent être jugés par la règle seconde, qui dans les cas ci-dessus présentés défend l'accord (voy. page 7).

(10) Le participe passé précédé de a *été*, *avait été*, *aurait été*, etc., etc. (ou de toute autre combinaison du participe *été* avec un mot du verbe *avoir*) se juge d'après la règle première, car ces combinaisons *avait été*, *eût été*, etc., etc., font, logiquement parlant, partie du verbe *être*.

REMARQUE SUR LA PREMIÈRE RÈGLE.

2ᵉ PHRASE-TYPE. *Calypso, tu t'es* **engagée** (pour tu *as* toi *engagée*).

Le mot du verbe *être* qui est suivi d'un participe passé (*adjectif passif*) et avant lequel on voit *me*, *te*, *se* (outre le sujet), ou bien *nous nous*, *vous vous*, enfin deux substantifs ou deux pronoms **de la même personne et rappelant le même être,** appartient réellement au verbe *avoir*, et le participe passé qui le suit doit être jugé d'après la règle seconde.

On orthographiera donc d'après le principe donné page 7, etc., etc., les participes combinés comme ils le sont dans :

Je *me* suis *tu*, qui signifie :   J'ai tu moi (m.).
Tu (Calypso) *t'es engagée*, qui signifie :   Tu *as* toi (f.) engagée.
Il (ou elle) s'est *fait mal*, qui signifie :   Il (ou elle) *a* fait mal à soi (f.).
Nous *nous* sommes *enfuis*, qui signifie :   Nous *avons* nous (m. pl.) enfuis.
Vous vous êtes *dit* des *injures*, qui signifie :   Vous *avez* dit des injures à vous.
   Ou mieux : Vous avez dit à vous une certaine quantité d'injures.
Ils *s'en* sont *plaints*, qui signifie :   Ils *ont* soi (m. pl.) plaints de cela ;
Mes ennuis *se* sont *calmés*, qui signifie :   Mes ennuis *ont* soi (m. pl.) calmés, etc.

Voir beaucoup d'exemples analogues dans la règle IIᵉ, page 11 et 12.

Mais on jugera d'après la première règle : Si *elles m'*étaient **venues** voir, etc., etc., parce que les deux pronoms *elles* et *me* étant d'une personne différente et ne rappelant pas le même être, le mot *étaient* appartient en réalité dans ce cas au verbe *être*.

EXCEPTION UNIQUE À LA PREMIÈRE RÈGLE.

Il y a deux circonstances particulières où les participes passés joint et inclus, employés dans ci-joint, ci-inclus, restent nécessairement au masculin singulier.

3ᵉˢ PHRASES-TYPES. **Ci-joint** *l'expédition du jugement.* (Académie.)
   Vous trouverez **ci-inclus** *copie du contrat.* (Acad.)

1° Les deux mots *ci-joint*, *ci-inclus* restent toujours au masculin singulier quand ils commencent la phrase.
Or, on doit écrire :

   Ci-joint deux *mémoires* justificatifs.
   Ci-inclus est une *note* utile.

2° Les deux mots *ci-joint*, *ci-inclus*, placés dans le corps de la phrase, restent toujours au masculin singulier lorsqu'ils sont énoncés avant le substantif qu'ils modifient, et que ce substantif n'est précédé d'aucun adjectif déterminatif.

Or, on écrit :

> Vous trouverez *ci-inclus copie* du contrat. (Acad.)
> Vous trouverez *ci-joint copie* de sa lettre (11). (Acad.)

4ᵉ PHRASES-TYPES. *Vous riez; écrivez qu'elle a* **ri.** † * (Racine.)
J'ai **dompté** *la nature et ne l'ai pas* **détruite.**

IIᵉ RÈGLE.

Le participe passé (*adjectif passif*) combiné avec un mot du verbe *avoir* (de manière à former un verbe logique, dit temps composé d'un verbe), prend le genre et le nombre du substantif, ou du pronom, qui est le **complément** (*régime direct*) de ce verbe logique, toutes les fois que ce complément est exprimé avant le participe, et placé dans la même phrase grammaticale.

Nota. Le complément du verbe logique est toujours le substantif ou le pronom qui répond à la question *qui* ou *quoi*, faite après le participe passé en cette sorte : Elle a ri *qui?* (ou *quoi?*) — J'ai dompté *qui* ou *quoi?* La nature, etc. — Je n'ai pas détruit *qui* ou *quoi?* l' (la nature). On peut également se faire la question : Qui est-ce *qui a été?*

Pour se rappeler à l'esprit et être sûr d'appliquer toujours facilement la règle seconde, il faut, après avoir recherché et trouvé quel est le substantif ou le pronom complément du verbe logique, se dire :

Ou, — 1º Pas de complément exprimé pour le verbe logique, pas d'accord ;
Ou, — 2º Complément du verbe logique exprimé après le participe, pas d'accord ;
Ou, — 3º Complément du verbe logique exprimé avant le participe, accord.

APPLICATIONS DE LA DEUXIÈME RÈGLE.

1.

EXEMPLES :	EXPLICATIONS :
La poule a GLOUSSÉ †.	La poule *a gloussé* quoi ? (ou bien qu'est-ce qui a été *gloussé?*) — Pas de complément exprimé pour le verbe logique *a gloussé*, pas d'accord pour le participe.

---

(11) Lorsque les mots *ci-joint, ci-inclus* sont placés après leur substantif, ils s'accordent d'après la règle ; ainsi l'on écrit avec l'accord : 1º Lisez les *mémoires ci-joints;* les *notes ci-incluses* seront remises ; — et l'on écrit également avec l'accord : 2º Vous trouverez *ci-jointe une copie* du traité (Acad.); vous trouverez *ci-incluse la copie* du contrat (Acad.), quoique les mots *ci-joint, ci-inclus* soient placés avant le substantif, parce que ces substantifs sont précédés des adjectifs déterminatifs *une, la*

* Ce signe † placé après le participe indique l'absence du complément du verbe.
Ce c. que nous mettons sous un substantif ou un pronom indique que ce mot est le complément (*régime direct*) avec lequel le participe doit s'accorder.

EXEMPLES :   EXPLICATIONS :

Les petits poulets ont PIAULÉ † (12).

Les petits poulets ont *piaulé* quoi (ou qu'est-ce qui a été *piaulé?*) — Pas de complément exprimé pour le verbe logique *ont piaulé*, pas d'accord pour le participe.

Racine et Boileau ont EXCELLÉ † dans l'art des éloges indirects (12).
Cité par Chapsal.

Racine et Boileau ont *excellé* qui ou quoi? — Pas de complément exprimé pour le verbe logique *ont excellé*, pas d'accord pour le participe.

Ceux qui n'ont jamais SOUFFERT † ne savent rien (13). (Fénélon, *Télémaque*.)

Ceux qui n'ont jamais *souffert* qui ou quoi? La DOULEUR, sous-ent. — Pas de complément exprimé pour le verbe logique *ont souffert*, pas d'accord pour le participe.

La cigale *ayant* CHANTÉ† (13)
Tout l'été,
Se trouva fort dépourvue.
La Fontaine.

La cigale ayant *chanté* qui ou quoi? Sa CHANSON, complément sous-entendu. — Pas de complément exprimé pour *ayant chanté*, pas d'accord pour le participe.

II.

Ces méchants m'ont FAIT tous *les maux* imaginables (14).

Les méchants ont *fait* quoi à moi? Les MAUX. — Complément du verbe logique *ont fait* exprimé après le participe, pas d'accord.

J'ai APERÇU *Laure* (14).

J'ai *aperçu* qui ou quoi? LAURE. — Complément du verbe logique *ai aperçu* exprimé après le participe, pas d'accord.

III.

C'est Laure *que* j'ai APERÇUE (15).

J'ai *aperçu* qui ou quoi? QUE (laquelle Laure), féminin singulier, — Complément du verbe logique *ai aperçu* exprimé avant le participe, accord ici au féminin singulier.

---

(12) Le participe passé d'un verbe intransitif (*neutre*) ne peut jamais changer d'orthographe lorsqu'il est combiné avec un mot du verbe *avoir*.

(13) Les participes passés des verbes transitifs (*actifs*) employés comme intransitifs (*neutres*), c'est-à-dire sans être accompagnés du complément qu'ils exigent, restent toujours au masculin singulier.

(14) Le participe passé, combiné avec un mot du verbe *avoir*, reste toujours au masculin singulier quand le substantif complément du verbe n'est exprimé qu'après le participe.

(15) Le complément du verbe logique (et par conséquent le mot dont le participe doit prendre le genre et le nombre) est généralement un pronom (*substantif relatif*), lorsqu'il est exprimé avant le participe.
Ce n'est guère que dans des phrases exclamatives ou interrogatives analogues à : Quels beaux tableaux j'ai *vus!* ou quelle leçon avez-vous *étudiée?* que le complément du verbe logique exprimé avant le participe peut être un véritable substantif.

EXEMPLES :

EXPLICATIONS :

Mes sœurs viennent, je *les* ai vues. (15, *page 8*.)

J'ai *vu* qui ou quoi? (ou qui est-ce qui a été *vu?*) LES (elles, sœurs), féminin pluriel. — Complément du verbe logique *ai vu* exprimé avant le participe, accord ici au féminin pluriel.

Pauvre Didon! où *t*'a réduite
De tes maris le triste sort! (15, *page 8*.)
(Réminiscence).

Le triste sort de tes maris a *réduit* qui ou quoi? T' pour *toi* (Didon), féminin singulier. — Complément du verbe logique *a réduit* exprimé avant le participe; accord ici au féminin singulier.

Il (Cliton) nomme tous les vins et toutes les liqueurs — dont il a bu (16). †
La Bruyère.

Cliton a *bu* quoi? *quelque chose*, sous-entendu, savoir : une QUANTITÉ (de liqueurs, de vins, etc.), sous-entendu. — Pas de complément exprimé pour le verbe logique *a bu*, pas d'accord pour le participe.

Il n'était point de ces fiers perroquets *Que* l'art du monde a rendus trop coquets (17). (Gresset, *Vert-Vert*.)

L'art du monde *a rendu* qui ou quoi coquet? QUE (lesquels perroquets), masculin pluriel. — Complément du verbe logique *a rendu* exprimé avant le participe, accord ici au masculin pluriel (pour le participe comme pour l'adjectif).

Dieu avait créé *les hommes* immortels (17).

Dieu avait *créé* qui immortel? LES HOMMES. — Complément du verbe logique *avait créé* exprimé après le participe, pas d'accord pour le participe (ce qui n'empêche pas d'accorder l'adjectif qualificatif *immortels*).

Malheureux! vous avez asservi vos frères, vous *les* avez faits vos esclaves! (17).

Vous avez *fait* qui esclave? LES (pour eux, les frères), masculin pluriel. — Complément du verbe logique *avez fait* exprimé avant le participe passé, accord ici au masculin pluriel (pour le participe comme pour le substantif qualificatif).

La Grèce en ma faveur est trop inquiétée; De soins plus importants je *l*'ai crue [agitée (18). (Racine, *Andromaque*.)
Pour : Je l'ai crue qui était, (ou elle être) agitée.

J'ai *cru* qui ou quoi? [être *agité*] L' (pour *la Grèce*) féminin singulier. — Complément du verbe logique *ai cru* exprimé avant le participe, accord ici au féminin singulier (pour les deux participes dans cette phrase-ci).

(16) Le participe passé reste toujours au masculin singulier lorsque le complément qu'il modifie n'est pas exprimé dans la même phrase grammaticale où figure le participe.

(17) Lorsque le participe passé est suivi d'un adjectif qualificatif, ou d'un substantif également employé comme un qualificatif, il faut comprendre dans la même question le participe et l'adjectif, ou le participe et le substantif qualificatif, et accorder ensuite régulièrement le participe, or :
Quels que doivent être le genre et le nombre du mot qualificatif, on devra toujours laisser au masculin le participe passé suivi d'un qualificatif, 1° lorsqu'il dépendra d'un verbe intransitif (comme dans : Ces pensées m'ont *semblé* (être) *justes*); — ou 2° lorsqu'il sera énoncé avant le complément du verbe logique (comme dans : Dieu avait *créé* les hommes *immortels*.

(18) Lorsque deux participes précédés d'un mot du verbe *avoir* se suivent (sans faire partie

EXEMPLES :	EXPLICATIONS :

Fuis,... si tu ne veux qu'un châtiment
[soudain
T'ajoute aux scélérats *qu*'a PUNIS cette
c.
[main (19). (Racine, *Phèdre*.)

Cette main a *puni* qui ? QUE (lesquels scélérats), masculin pluriel. — Complément du verbe logique a *puni* exprimé avant le participe, accord ici au masculin pluriel.

Je regrette les peines *que* vous m'avez
c.
COÛTÉES (20).

Vous avez *coûté* quoi à moi ? QUE (lesquelles peines), féminin pluriel. — Complément du verbe logique *avez coûté* exprimé avant le participe, accord ici au féminin pluriel.

Si vous saviez toutes les salutations *que* mon habit m'a VALUES (20) !
c.

Mon habit a *valu* quoi à moi? QUE (lesquelles salutations), féminin pluriel. — Complément du verbe logique a *valu* exprimé avant le participe, accord au féminin pluriel.

---

c.   c.
Après avoir BROUTÉ †, TROTTÉ †, FAIT
[tous ses *tours*,
Jeannot Lapin retourne aux souterrains
[séjours (21). (La Fontaine.)

Pour : Après avoir *brouté*, après avoir *trotté*, après avoir *fait* tous ses tours.

1° Après avoir *brouté* ou *trotté* qui ou quoi? — Pas de complément exprimé pour le verbe logique *avoir brouté, avoir trotté*, pas d'accord pour le participe.
2° Après avoir *fait* quoi? Les TOURS. — Complément du verbe logique *avoir fait* exprimé après le participe, pas d'accord.

---

d'une énumération) et paraissent être liés par le sens, on juge le premier d'après la règle seconde, — et le second d'après la règle première, après avoir rétabli le mot du verbe *être*, qui est sous-entendu devant le second de ces participes ; ainsi l'on écrit : Je l'ai trouvée *émue* ; ces fleurs m'ont *paru* fraîchement *cueillies*. Puisque ces phrases signifient : J'ai *elle* trouvée
c.
être (ou qui était) *émue* ; — ces fleurs ont paru † à moi être (ou qui étaient) fraîchement *cueillies*.

(19) La place du sujet de la phrase n'influe en rien sur l'accord du participe.

(20) Les participes *coûté* et *valu* (des verbes *coûter* et *valoir*, qui sont essentiellement intransitifs ou neutres) s'accordent selon la plupart des grammairiens lorsqu'on voit un complément qu'ils semblent modifier figurer avant eux dans la même phrase grammaticale.

(21) Lorsque le mot du verbe *avoir* est sous-entendu devant le participe, on applique la règle seconde de la même manière que lorsque le mot du verbe *avoir* est exprimé. Voilà pourquoi on laisse les participes au masculin singulier dans :

1° Il fut exempté des charges publiques AT-TENDU ses *infirmités*.	Il fut exempté des, etc., après qu'on eut at-tendu (ou fait attention à) ses infirmités.
2° J'aime tous les hommes EXCEPTÉ les *méchants*.	J'aime tous les hommes après avoir ex-cepté les méchants.
3° OUÏ *les conclusions* du juge-rapporteur, on procéda au.	Après avoir ouï (ou dès qu'on eut ouï) les conclusions du...
4° PASSÉ six *heures*, vous ne me trouverez plus chez moi.	Lorsque vous aurez *passé* six heures, vous ne me trouverez plus....
5° SUPPOSÉ cette *clause*, le traité sera rompu.	Dès qu'on aura *supposé* cette clause, le traité sera rompu.
6° VU les *détails* que vous nous donnez, je pense que.	Depuis que j'ai *vu* les détails que vous don-nez, je pense que....
7° Jacques a 150,000 fr. de biens, NON COM-PRIS (ou Y COMPRIS) les *deux fermes* qu'il habite alternativement.	Jacques a 150,000 fr. de biens, sans qu'on y ait *compris* (ou après qu'on y a *compris*) les deux fermes qu'il....

Tout participe passé précédé d'un mot du verbe *être,* devant lequel on voit les deux pronoms de même personne, *je me,* ou *tu te, il se, nous nous, vous vous,* etc., rappelant tous les deux le même *être,* doit être jugé absolument d'après le principe énoncé dans la règle seconde (car *être* est alors employé pour *avoir),* ainsi que nous l'avons vu page 6 *.

EXEMPLES :	EXPLICATIONS :
Une femme dit : Je me suis DEMANDÉ † souvent en quoi le luxe contribue au bonheur (22). *Pour :* J'ai demandé souvent à moi quelque chose, c'est en quoi, etc.	J'ai *demandé* souvent à moi *(quelque chose),* savoir : en quoi le luxe, etc. — Pas de complément exprimé pour le verbe logique *ai demandé,* pas d'accord pour le participe.
Tu t'es DONNÉ une *peine* inutile en cherchant à me nuire (22). *Pour :* Tu as donné à toi une *peine* inutile.	Tu as *donné* quoi à toi ? une PEINE.— Complément du verbe logique *as donné* exprimé après le participe, pas d'accord.
Ah! comment s'est ÉCLIPSÉE tant de gloire! Comment *se* sont ANÉANTIS tant de travaux (22) ! *Pour :* Tant de gloire a *soi* éclipsée! Tant de travaux ont *soi* anéantis!	La gloire a *éclipsé* qui ou quoi ? SE pour soi (la gloire) féminin singulier. — Complément du verbe logique *a éclipsé* exprimé avant le participe, accord ici au féminin singulier. Tant de travaux ont *anéanti* quoi? SE pour soi (les travaux), masculin pluriel. — Complément du verbe logique *ont anéanti* exprimé avant le participe, accord ici au masculin pluriel.
Ils *se* sont FRAPPÉS à la tête (22). *Pour :* Ils ont *soi* frappés à....	Ils ont *frappé* qui ou quoi ? SE (soi , eux), masculin pluriel. — Complément du verbe logique *ont frappé* exprimé avant le participe , accord ici au masculin pluriel.
Ils se sont FRAPPÉ *la tête* (22). *Pour :* Ils ont frappé *la tête* à soi.	Ils ont *frappé* qui ou quoi à soi ? LA TÊTE. — Complément du verbe logique *ont frappé* exprimé après le participe, pas d'accord.

Nous allons présenter, placées en regard, quelques phrases qui, analogues au premier coup d'œil, veulent une orthographe différente pour le participe.

EXEMPLES :

Adèle dit : Je *me* suis ENFUIE (22), *Pour :* J'ai *moi* enfuie.	et me suis NUI † par là dans votre es-[prit (22). *Pour :* J'ai † NUI à moi.
Ma fille, tu t'es MOQUÉE de ta sœur (22), *Pour :* Tu as *toi* moquée de....	et tu t'es COMPLU † à la tourmenter ; cela est fort mal (22). *Pour :* Tu as † COMPLU à toi en la tourmentant.

* *Toute la difficulté des phrases où figure le faux verbe être (étre employé pour avoir) consiste à reconnaître* si les pronoms me, te, se, nous, vous, *précédant le verbe, sont des compléments (régimes directs) du verbe, ou s'ils en sont les régimes indirects.*

(22) Lorsqu'un de ces pronoms *me, te, se, nous, vous,* précédant le verbe, en est le complément, le participe s'accorde toujours avec lui en genre et en nombre ; — mais si ces *me, te, se, nous, vous,* précédant le verbe, en sont les régimes indirects, ils n'influent en rien sur l'accord du participe.

Ma cousine *s'est* PLAINTE de violents
maux de tête, (22 , *page* 11`,

Pour : Ma cousine a *soi* PLAINTE de. ...

et elle s'est RI † des remèdes qu'on lui
conseillait de faire (22, *page* 11).

Pour : Elle a † RI *à soi* (en soi) des....

Nous ne *nous* sommes pas encore
AVISÉS de mettre au maillot les petits des
chiens.... (J. J. Rousseau.) et nous
nous en sommes LOUÉS , APPLAUDIS (22).

Pour : Nous n'avons pas *nous* AVISÉS.

Nous en avons *nous* LOUÉS, et APPLAUDIS.

Nous nous sommes DÉPLU † dans cette
société , et ma sœur et moi nous nous y
sommes souvent SOURI † en signe d'in-
telligence (22).

Pour : Nous avons † DÉPLU *à nous.*

Nous avons SOURI † *à nous.*

Vous ne *vous* êtes donc pas APERÇUS,
Messieurs (22),

Pour : Vous n'avez pas *vous* APERÇUS que....

que vous vous êtes SUCCÉDÉ † à la tri-
bune (22) ?

Pour : Vous avez † SUCCÉDÉ *à vous.*

Si nous n'avons rien de neuf à dire,
se sont ÉCRIÉS les parleurs (22)!

Cité par Lemare.

Pour : Les parleurs ont *soi* ÉCRIÉS.

Beaucoup d'auteurs se sont PLU † à
décrire des batailles (22).

Cité par Lemare.

Pour : Beaucoup d'auteurs ont † PLU *à soi* à....

Dans tous les exemples de cette première colonne , le participe passé a pris
l'accord , parce que dans tous il dépend
d'un verbe transitif (*actif*), et que dans
tous aussi le complément de ce verbe
transitif est exprimé avant le participe.
Ces verbes sont transitifs ; car

S'apercevoir, c'est apercevoir *soi* ;
S'applaudir, c'est applaudir *soi* ;
S'aviser, c'est aviser *soi* ;
S'écrier, c'est écrier *soi* ;
S'enfuir, c'est enfuir *soi* ;
Se louer d'une chose , c'est en louer *soi* ;
Se moquer, c'est moquer *soi* ;
Se plaindre, c'est plaindre *soi* ;
Se repentir de.... c'est en repentir *soi* ;
Se souvenir, c'est souvenir *soi*, etc.

Dans tous les exemples de cette seconde colonne, le participe passé est resté
sans accord, parce que dans tous il dépend d'un verbe intransitif (*neutre*).
On doit, en effet, considérer ces verbes comme intransitifs (*neutres*) et toujours intransitifs ; car

S'entre-nuire , c'est entre-nuire *à soi* ;
Se nuire , c'est nuire *à soi* ;
Se complaire, c'est complaire *à soi* ;
Se déplaire , c'est déplaire *à soi* ;
Se plaire, c'est plaire *à soi* ;
Se rire, c'est rire *à soi* ;
Se sourire , c'est sourire *à soi* ;
Se succéder, c'est succéder *à soi*.
Se survivre , c'est survivre *à soi*, etc.

D'après la même analogie, on écrit :

Ces idiomes *se* sont *parlés* longtemps ,
— qui signifie : Ces idiomes ont *soi* parlés
ou ont été parlés, etc., etc. (22).

et ces dames se sont *parlé* longtemps ,
— qui signifie : Ces dames ont parlé *à
soi*, etc. (22).

c.
Ils *se* sont ARROGÉ † des droits (23).

Pour : Ils ont arrogé à soi un *nombre* (ou une quantité) de droits.

c.   c.

Domergue.

Ils ont *arrogé* quoi à soi ? (ou qu'est-ce qui
a été arrogé ?) Un nombre (ou une quantité) de
droits. — Le substantif *quantité* ou *nombre,*
complément du verbe logique *ont arrogé*
n'étant pas exprimé, le participe reste au
masculin singulier.

Il *s'*est PRÉSENTÉ deux concurrentes
c.
redoutables (24).

Pour : Il (ou quelque chose) a *soi* présenté, sa-
c,
voir, etc.

Il (ceci, quelque chose) a *présenté* qui ou
quoi ? SE (pour il), masculin singulier. —
Complément du verbe logique *a présenté*
exprimé avant le participe, accord au masculin singulier.

DU PARTICIPE PASSÉ SUIVI D'UN INFINITIF.

La femme *que* j'ai ENVOYÉE chercher
r.
des nouvelles, arrivera bientôt (25).

Pour : La femme que j'ai envoyée cherchant ou
qui cherchait, etc.

J'ai *envoyé* qui ? QUE (laquelle femme,
cherchant ou qui cherchait, etc.), féminin
singulier. — Le complément du verbe logique
ai envoyé étant exprimé avant le participe,
celui-ci s'accorde au féminin singulier.

---

c.
Les bouteilles que j'ai ENVOYÉ † chercher me sont parvenues entières (26).

On ne dirait pas : Les bouteilles que j'ai envoyées
cherchant ou qui cherchaient.

J'ai *envoyé* qui ou quoi ? *Quelqu'un,* sous-
entendu. — Pas de complément exprimé pour
le verbe logique *ai envoyé,* pas d'accord pour
le participe.

DÉVELOPPEMENTS.

La jeune personne *que* j'ai VUE pein-
c
dre une rose peint très-bien.

Et puis on dirait : La personne que j'ai vue peignant (qui peignait) une rose peint bien.

J'ai *vu* qui ? QUE (laquelle jeune personne)
peignant ou qui peignait. — Complément du
verbe logique *ai vu* exprimé avant le participe, accord ici au féminin singulier.

---

c.
La femme que j'ai vu † peindre par
Dubufe est très-jolie.

D'ailleurs on ne dirait pas ici : La femme que j'ai
vue.... peignant par Dubufe....

J'ai *vu* qui ou quoi ? *Quelqu'un,* sous-entendu. — Pas de complément exprimé pour le
verbe logique *ai vu,* pas d'accord pour le
participe.

---

(23) Jamais le substantif complément d'un verbe ne peut être précédé d'une préposition.

(24) Dans les phrases où le faux verbe *être* (*être* employé pour *avoir*) a pour sujet l'indéfini
il, le complément du verbe est toujours le pronom (*substantif*) *se,* masculin singulier
puisqu'il rappelle l'indéfini *il* masculin singulier ; or le participe est toujours masculin singulier. (*Dans l'exemple ci-dessus,* concurrentes *n'est que l'apposition de* il, *et jamais on
n'accorde le participe avec l'apposition.*)

(25) Lorsque l'infinitif qui suit le participe passé peut être remplacé par un participe présent (*adjectif actif*) ou par une forme du verbe, le participe passé peut toujours changer de
forme.

(26) Lorsque l'infinitif qui suit le participe passé ne peut pas, dans la phrase, se remplacer
par un participe présent (*adjectif actif*) ou par un mot du verbe, le participe passé reste toujours au masculin singulier.

EXEMPLES :

La comédie et le drame que j'ai
ENTENDU † lire l'an passé , et *que* j'ai
VUS attendrir les auditeurs , n'étaient pas
sans mérite.

1° *On ne dirait pas :* La comédie et le drame que
j'ai entendus.... lisant, qui lisaient....
2° *On dirait :* La comédie et le drame que j'ai vus
attendrissant (qui attendrissaient) les auditeurs.

EXPLICATIONS :

J'ai *entendu* qui ou quoi ? *Quelqu'un*, sous-
entendu, qui lisait, etc. — Pas de complément
exprimé pour le verbe logique *ai entendu*,
pas d'accord pour le participe.

J'ai *vu* qui ou quoi ? QUE (lesquels, comédie
et drame), masculin pluriel. — Complément
du verbe logique *ai entendu* exprimé avant
le participe, accord ici au masculin pluriel ;
(car le pronom rappelant un masculin et un
féminin est toujours masculin et pluriel).

Une effrayante voix s'est FAIT † alors
entendre (27).

On ne dirait pas : Une voix s'est faite.... enten-
dant, qui entendait.

Une voix a *fait* quoi ? *Quelque chose*, sous-
entendu, savoir : entendre soi. — Pas de complément exprimé pour le verbe logique *a fait*,
pas d'accord pour le participe.

Dans quel cloaque infect vous *les* avez
ENVOYÉS coucher , ces infortunés soldats ! (28).

Vous avez *envoyé* qui ? LES (soldats), masculin pluriel. — Complément du verbe logique
avez envoyé exprimé avant le participe, accord ici au masculin pluriel.

Elle a été applaudie par tous ceux
qui *se* sont LAISSÉS aller à leur premier
mouvement.

Pour : Ceux qui ont soi laissés allant....

Ils ont *laissé* qui ou quoi ? SE (soi, eux),
masculin pluriel, aller (allant, qui allaient).
— Complément du verbe logique *ont laissé*
exprimé avant le participe, accord ici au masculin pluriel.

Après nous être LAISSÉ † tromper par
cet intrigant, nous....

Être employé ici pour avoir.

Après avoir *laissé* qui ou quoi ? *Quelqu'un*,
sous-entendu (ou un intrigant, etc.) tromper
nous. — Pas de complément exprimé pour
le verbe logique *avoir laissé*, pas d'accord
pour le participe.

Je lui ai offert ma main qu'il a REFUSÉ †
d'accepter (29).

Il a *refusé* qui ou quoi ? *Quelque chose*,
sous-entendu, savoir : la faveur d'accepter
ma main. — Pas de complément exprimé pour
le verbe logique *a refusé*, pas d'accord pour
le participe.

(27) Le participe passé *fait* suivi d'un infinitif ne varie jamais dans son orthographe.

(28) Lors même que l'infinitif qui suit le participe passé pourrait difficilement être remplacé par un participe présent, on doit toujours donner au participe le genre et le nombre
du complément, lorsque ce complément du verbe logique est exprimé avant le participe ; —
ainsi, quoiqu'on ne puisse que difficilement dire : Dans quel cloaque vous les avez envoyés
couchant etc., on a dû accorder *couchés* avec le pronom *les*, masculin pluriel, complément
du verbe logique, puisque ce complément est exprimé avant le participe.

(29) Quand l'infinitif est séparé du participe passé par une préposition, on ne doit jamais
chercher à le changer en un participe présent (*adjectif actif*).

AUTRES EXEMPLES :

Pénélope n'aura pu résister à tant de prétendants, son père *l*'aura con-

ᶜ·

TRAINTE d'accepter un nouvel époux.

Fénélon, *Télémaque*.

EXPLICATIONS :

Son père aura *contraint* qui ? *L*' (pour elle, Pénélope), féminin singulier. — Complément du verbe logique *aura contraint* exprimé avant le participe, accord ici au féminin singulier.

On écrit : La fable que j'ai EU † à composer pouvait offrir une belle morale (29).

J'ai *eu* quoi ? *Quelque chose*, sous-entendu, savoir : le devoir de composer une fable. — Pas de complément exprimé pour le verbe logique *ai eu*, pas d'accord pour le participe.

Ici ce ne peut être la fable qu'on a eue (ou possédée) ; car, puisqu'on devait la composer, elle n'existait pas encore.

Mais on écrit : La fable *que* j'ai EUE à

ᶜ·

mettre de vers en prose n'était pas très-intelligible.

J'ai *eu*, possédé, quoi ? QUE (laquelle table), féminin singulier. — Complément du verbe logique *ai eu* exprimé avant le participe, accord ici au féminin singulier.

Ici c'est bien la fable qu'on a eue ou possédée en vers, pour qu'on la mît en prose.

On écrit de même sans accord : Voilà les ennemis que la reine a EU † à com-

ᶜ·

battre.

Pour : Voilà les ennemis que la reine *a dû* combattre.

Ici l'on ne dit pas du tout que la reine ait eu ou possédé des ennemis, on dit qu'elle a *eu* ou possédé une nécessité, un devoir, etc., savoir : celui de combattre les ennemis.

Mais on écrit avec accord : Voilà les ennemis *que* la reine a EUS à combattre.

ᶜ·

Lorsqu'on veut dire : Voilà les ennemis que la reine a possédés en tant qu'ennemis pour qu'elle les combattît.

PARTICIPE PASSÉ APRÈS LEQUEL L'INFINITIF EST SOUS-ENTENDU.

Il a eu de la cour toutes les grâces

ᶜ·

qu'il a VOULU † (avoir, obtenir). (30).

Wailly.

Il a *voulu* quoi ? *Quelque chose*, sous-entendu, savoir : avoir ou obtenir les grâces. — Pas de complément exprimé pour le verbe logique *a voulu*, pas d'accord pour le participe.

PARTICIPE PASSÉ AVEC L'INDÉFINI *le* (COMPLÉMENT DU VERBE).

EXEMPLES :

Ma sœur est arrivée comme je *l*'avais

ᶜ·

PRÉVU (31).

EXPLICATIONS :

J'avais *prévu* quoi ? L' (pour cela), masculin singulier (savoir : que ma sœur arriverait). — L'indéfini masculin singulier *le*, complément du verbe logique *avait prévu*, est exprimé avant le participe, accord ici au masculin singulier.

---

(30) Lorsque l'infinitif est sous-entendu, on accorde le participe comme s'il était exprimé.

(31) Toutes les fois que le complément du verbe logique est l'indéfini *l*' ou *le* pour *cela*, le participe s'écrit nécessairement au masculin singulier.

EXEMPLES :

Cependant la famine arriva comme Joseph l'avait PRÉDIT (31, *page* 15).
c.
Voltaire.

EXPLICATIONS :

Joseph avait *prédit* quoi ? L' (pour cela), masculin singulier (savoir : que la famine arriverait). — L'indéfini masculin singulier *le*, complément du verbe logique *avait prédit*, est exprimé avant le participe, accord ici au masculin singulier.

PARTICIPE PASSÉ AVEC UN *que* ELLIPTIQUE *.

Oui, c'est moi qui voudrais effacer de ma [vie
c.
Les jours que j'ai VÉCU † sans vous avoir [servie (32).

J'ai *vécu* qui ou quoi? — Pas de complément exprimé pour le verbe logique *ai vécu*, pas d'accord pour le participe.

Le sens est : Je voudrais effacer de ma vie les jours *pendant lesquels* j'ai vécu sans, etc., etc. (Et d'ailleurs, *vécu* est le participe d'un verbe intransitif, il ne peut donc pas varier.)

De la façon que j'ai DIT *les choses* on
c.
a dû m'entendre (32).   Wailly.

J'ai *dit* quoi? LES CHOSES. — Complément du verbe logique *ai dit* exprimé après le participe, pas d'accord.

Le sens est : De la façon *selon laquelle* j'ai dit les choses, etc.

PARTICIPE PASSÉ AVEC L'INDÉFINI *il* (SUJET DU VERBE).

Les chaleurs. qu'il (indéfini) a FAIT †
c.
cette année ont été excessives (33).

Il (ceci) a *fait* quoi? — Pas de complément exprimé pour le verbe logique *a fait*, pas d'accord pour le participe.

Le sens est : Les chaleurs qui *ont existé* cette année.

C'est peut-être la plus jolie fête qu'il
c.
(indéfini) y ait EU † jamais (33).

Il (ceci) a *eu* quoi? — Pas de complément exprimé pour le verbe logique *ait eu*, pas d'accord pour le participe.

Le sens est : C'est peut-être la plus jolie fête qui *ait existé*.

Très-souvent le complément du verbe est ou un adverbe de quantité (que, tant, assez, combien, peu), *employé comme substantif; — ou un substantif collectif* (une troupe, un nombre, une quantité, *etc.*, *etc.*).

Presque toujours le sens des adverbes de quantité employés substantivement et celui des substantifs collectifs a besoin d'être terminé par une expression qualificative ou déterminative, formée de la préposition de *et de son complément; car il faut nécessairement dire :* Que DE GENS! tant D'ENNUIS, assez DE MALHEUR, combien DE PERSONNES, *etc., etc.; — ou bien encore :* une troupe DE SINGES, un nombre DE SOLDATS, une quantité DE FRUITS, etc.

* *Le mot* que *ayant le sens de :* pendant lequel, pendant laquelle, *etc.*; selon lesquels, *etc.*; de laquelle. *etc.*, *etc.*, *se nomme* que elliptique.

(32) Le *que* elliptique n'influe jamais en rien sur l'accord du participe passé, car il n'est jamais complément du verbe, et ce n'est jamais qu'avec le complément du verbe logique que le participe combiné avec un mot du verbe *avoir*, peut s'accorder. — Par une raison analogue :
Le mot *en* (signifiant *de cela*) n'influe jamais, *en général*, sur l'accord du participe passé, car il n'est jamais complément de verbe.

(33) On écrit toujours au masculin singulier le participe passé des phrases où le verbe *avoir* a pour sujet l'indéfini *il*.

REMARQUE TRÈS-ESSENTIELLE.

5es PHRASES-TYPES. Combien *il a* **secouru** *de pauvres!*
    c.

Combien *de charité il a* **montré**!
    c.

Que *d'*ennemis *il a* **eus** *pourtant!*
    c. (Accord par syllepse.)

Lorsque le complément du verbe logique est un adverbe de quantité ou un collectif, qualifié ou complété par un substantif, le participe s'accorde tantôt avec l'adverbe ou le collectif, tantôt avec le substantif qualifiant : — Le participe modifie toujours celui de ces deux substantifs qui domine dans la pensée, et c'est par conséquent de ce substantif dominant dans la pensée qu'il prend le genre et le nombre (*s'accordant ainsi par syllepse*).

Nota. On nomme accord par syllepse l'accord qui, contrairement aux principes de la grammaire, se fait, non pas avec le substantif auquel le verbe ou l'adjectif sont joints grammaticalement parlant, mais avec le substantif *qui domine dans la pensée.*

EXEMPLES :	EXPLICATIONS :
Autant de sagesse il a MONTRÉ dans sa vieillesse, autant on l'avait vu inconsidéré. (Bescher.) c. L'adverbe *autant* est employé comme substantif dans cet exemple et dans le suivant.	Il a *montré* quoi? AUTANT, masculin singulier (pour une grande somme) de sagesse. — Ce complément, *autant*, est exprimé avant le participe; il est le mot qui domine dans la pensée; or le participe s'accorde avec lui au masculin singulier.

PREMIER EXEMPLE D'ACCORD PAR SYLLEPSE.

L'accord se fera d'une manière toute différente dans : Autant *de lois* il a FAITES, autant *de sour-* ces *de prospérité il a* OUVERTES. c. c.	Il a *fait* quoi? AUTANT (de lois), des lois. — Il a *ouvert* quoi? AUTANT (de sources), des sources.

Les deux mots *autant* sont les véritables compléments des verbes logiques *a fait, a ouvert*, et c'est avec ce complément *autant*, masculin singulier, que devrait se faire l'accord; — mais comme dans ce second exemple on veut énoncer que ce sont des *lois* qu'il a faites, des *sources* qu'il a ouvertes, et que les deux participes expriment ici une modification de *lois*, de *sources* (qualificatifs de *autant*), ils s'accordent *par syllepse*, avec ces qualificatifs dominant la pensée, et énoncés d'ailleurs (aussi bien que le vrai complément *autant*), avant le participe passé.

Combien a t-il LIVRÉ *de batailles?* c.	Il a *livré* quoi? COMBIEN (de batailles); *combien*, masculin singulier, est le complément du verbe logique *a livré :* — ce complément est exprimé avant le participe, l'accord se doit faire ici au masculin singulier.

A la vérité la modification exprimée par le participe *livré* se rattache au substantif *batailles*, qualificatif de *combien* (ce sont les batailles qui ont été livrées); mais comme *batailles* n'est énoncé qu'après le participe *livré*, ce participe ne peut pas s'accorder, même par syllepse, avec *batailles*, car, encore une fois, — jamais le participe ne s'accorde, même par syllepse, que lorsque le substantif qu'il modifie est placé avant lui.

SECOND EXEMPLE D'ACCORD PAR SYLLEPSE.

EXEMPLES :	EXPLICATIONS :
Quelle innombrable quantité *d'amis* n'a-t-il pas secourus ?	Qu'est-ce qui a été *secouru* ? Une innombrable QUANTITÉ (d'amis). — Complément avant le participe, accord ; mais ici accord avec *amis*, masculin pluriel.

Le véritable complément du verbe logique étant le substantif collectif *quantité*, féminin singulier, le participe devrait, selon la règle seconde, s'écrire au féminin singulier ; mais comme le sens énonce que ce sont les *amis* qui ont été secourus, l'accord se fait *par syllepse* au masculin pluriel, avec ce substantif *amis* qualificatif du complément *quantité*, et qui est placé comme lui avant le participe.

Dans les phrases où l'adverbe de quantité pris substantivement ou le collectif figurent qualifiés comme ils le sont dans le précédent exemple, le pronom (*substantif relatif*), complément du verbe logique, rappelle toujours celui des deux substantifs (le collectif ou son qualificatif) qui frappe le plus l'esprit.

La *multitude* des flatteurs qui environnait ce favori s'est DISSIPÉE lors de sa disgrâce.	La multitude a *dissipé* quoi ? SE (pour soi, multitude) féminin singulier. — Complément du verbe logique a *dissipé* exprimé avant le participe, accord ici au féminin singulier.

Ici, c'est bien l'idée de *multitude* qui domine dans l'esprit.

On écrit :

Le *peu* d'instruction *que* Luc a REÇU l'empêche d'obtenir cet emploi.	Luc a reçu quoi ? QUE (lequel peu, le peu d'instruction), masculin singulier.— Complément du verbe logique a *reçu* exprimé avant le participe, accord ici au masculin singulier.

Ici, c'est bien l'idée du *peu* ou de la petite quantité (d'instruction) qui domine dans l'esprit, on doit donc considérer le mot *que* comme rappelant le substantif *peu ;*

Mais on écrit :

Le peu d'instruction *que* Luc a REÇUE lui a servi dans cette circonstance.	Luc a *reçu* quoi ? QUE (laquelle instruction), féminin singulier. — Complément du verbe logique a *reçu* exprimé avant le participe, accord ici au féminin singulier.

Ici l'on voit bien que l'idée de l'auteur est de rappeler par le pronom *que* le substantif *instruction* (et non *peu*). En effet, ce ne peut être que de l'*instruction* qui sert (fût-elle même reçue en très-petite quantité).

TROISIÈME EXEMPLE D'ACCORD PAR SYLLEPSE.

Enfin on doit imiter La Fontaine lorsqu'il écrit :

Pendant ces derniers temps *combien* en [a-t-on vus (d'hommes) Qui du soir au matin sont pauvres deve-[nus (1) ? (La Fontaine.)	On a *vu* quoi ? COMBIEN. — Complément du verbe logique a *vu* exprimé avant le participe passé, accord ; *vu* devrait donc être masculin singulier, comme *combien*.

Cependant comme l'esprit est frappé de l'idée que ce sont les hommes qu'on a *vus* (les

(1) Racine a dit également : Combien en a-t-on *vus* (des plaideurs), je dis des plus huppés, etc. Ces vers offrent les exemples d'une des syllepses les plus hardies, puisque le sub-

hommes que rappelle vaguement à l'esprit le mot *en* placé aussi avant le participe), l'accord se fait *par syllepse* avec le mot *hommes*, masculin pluriel qu'on a fortement imprimé dans l'esprit, et que *en* placé avant le participe rappelle, quoique vaguement.

EXCEPTION UNIQUE A LA SECONDE RÈGLE.

6ᵉ Phrase-Type. *Cette fleur était charmante; à peine l'ai-je* **eu** *cueillie qu'elle s'est flétrie.*

Lorsque le participe passé [*adjectif passif*] *eu* est suivi d'un autre participe avec lequel il s'identifie de manière à former un verbe logique ou temps composé d'un verbe, ce mot *eu* reste toujours au masculin singulier, quels que doivent être le genre et le nombre du participe qui le suit.

Ainsi l'on écrit :

EXEMPLES :	EXPLICATIONS :
Ces fruits étaient déjà tombés de l'arbre....; dès que je *les* ai **eu** *ramassés* je vous *les* ai portés.	Ici l'on ne doit pas dire : On a *eu* quoi? mais on a *ramassé* quoi? LES (fruits), masculin pluriel. — Complément du verbe logique *ai eu ramassé* exprimé avant le participe, accord ici au masculin pluriel.

On écrit de même :

Ma tâche était longue; dès que je l'ai **eu** *finie* je suis sorti.	Car on se dit, non pas : J'ai *eu* quoi? mais j'ai *fini* quoi? L' (pour la tâche), féminin singulier. — Complément du verbe logique *ai eu fini* exprimé avant le participe, accord ici au féminin singulier.

On voit que le participe *eu* disparaît, qu'il se fond pour ainsi dire avec le participe *ramassés* (ou *finie*); il est employé en effet, non pas pour marquer la possession, mais pour indiquer une nuance dans le *temps* du verbe logique.

Mais lorsque le participe *eu* suivi d'un autre participe conserve sa signification particulière et peut être remplacé par *possédé* ou par *reçu*, il doit s'accorder régulièrement, car il ne rentre plus dans l'exception ci-dessus indiquée.

On écrit donc :

Les cerises que vous m'avez envoyées, je ne *les* ai **eues** (possédées, reçues) que gâtées.	J'ai *eu* quoi? LES (pour cerises), féminin pluriel. — Complément du verbe logique *ai eu*, exprimé avant le participe *eu*; accord ici au féminin pluriel.
Les rubans qui me sont arrivés hier de Saint-Étienne, je *les* ai **eus** tout *tachés*.	J'ai *eu* quoi? LES (pour rubans), masculin pluriel. — Complément du verbe logique *ai eu*, exprimé avant le participe; accord ici au masculin pluriel

On dirait : Je les ai possédés tachés (ces rubans).
Ou : Je les ai reçus tachés.

---

stantif *hommes* ou *plaideurs*, dont le participe passé prend le genre et le nombre, n'est pas même énoncé dans la phrase. Au reste, l'accord s'y fait parce que *combien*, complément du verbe logique, est énoncé avant le participe, et non pas du tout à cause du mot *en*; car, jamais *en* ne fait faire l'accord.

En effet, on écrit sans accord ·

Ces histoires sont touchantes, mais j'*en* ai *lu* de plus touchantes encore.

Ces pêches sont magnifiques, j'*en* ai peu *eu* d'aussi belles, etc., etc.

Redisons-le encore : — L'accord du participe ne peut se faire dans les phrases analogues que lorsque le complément du verbe logique est énoncé avant le participe, et avant *en*.

GRAND PRINCIPE D'ORTHOGRAPHE

POUR LE PARTICIPE PASSÉ.

Le participe passé employé avec ÊTRE *s'accorde toujours avec le* **sujet** *du verbe être.*

Le participe passé employé avec AVOIR *s'accorde avec le* **complément** *du verbe, lorsque ce complément est exprimé avant lui.*

FIN.

TABLE-MÉMENTO,

Recueil de Phrases-Types destinées à rappeler les Règles et les Remarques.

DE L'IMPRIMERIE DE CRAPELET, RUE DE VAUGIRARD, N° 9.

Ouvrages du même Auteur :

**COURS D'ORTHOGRAPHE-PRATIQUE POUR LES EN-
FANTS DE CINQ A SEPT ANS,** ou Préparation à l'Étude
de l'Orthographe ; ouvrage très-élémentaire, où l'orthographe de
chaque son est méthodiquement enseignée ; — cahiers autogra-
phiés offrant, avec de nombreux exercices d'épellation, un moyen
facile d'apprendre aux très-jeunes enfants à lire l'écriture manu-
scrite.   5 fr.

**L'ORTHOGRAPHE ENSEIGNÉE PAR LA PRATIQUE
AUX ENFANTS DE SEPT A NEUF ANS,** recueil de cinq
cents dictées et exercices gradués, propres à graver dans la mé-
moire les notions les plus essentielles de notre orthographe. 2ᵉ édition. In-12, cartonné.   2 fr. 25 c.

**ANALYSE GRAMMATICALE SIMPLIFIÉE ET RAISON-
NÉE,** avec modèles d'analyses et exercices. In-12.   2 fr.

**TRAITÉ COMPLET DE L'EMPLOI DE LA MAJUSCULE,
DE L'ACCENT, DU TIRET OU TRAIT D'UNION,** etc.
3ᵉ édition. In-8°.   90 c.

FORMATION DU FÉMININ DANS LES ADJECTIFS,
exposant la manière de former le féminin des adjectifs en *eur*, et
renfermant tous les adjectifs irréguliers. 3ᵉ édition. In-8°.   40 c.

FORMATION DU PLURIEL DANS LES SUBSTANTIFS,
renfermant tous les pluriels irréguliers. 3ᵉ édition. In-8°.   30 c.

FORMATION DU PLURIEL DANS LES ADJECTIFS, ren-
fermant la manière de former le pluriel de tous les adjectifs en *al*.
3ᵉ édition. In-8°.   30 c.

**NOTIONS D'ANALYSE LOGIQUE, ET AUTRES OPU-
SCULES SUR LA GRAMMAIRE,** — feuilles préparées pour
faire l'analyse logique, etc., etc.

CHRONOLOGIE DES ROIS DE FRANCE; par mesdames
CHARRIER et BOBLET; présentant, en 15 tableaux, d'un siècle cha-
cun, la date d'avénement et de mort des rois, leur filiation, et un
aperçu de leur règne. 3ᵉ édition. In-8°.   60 c.

SOUS PRESSE :

SUITE DU COURS COMPLET D'ORTHOGRAPHE. Exercices sur toutes les difficultés.

ÉLÉMENTS D'ANALYSE GRAMMATICALE simplifiée et
raisonnée.

PRINCIPES RAISONNÉS DE PONCTUATION.

**CHRONOLOGIE COMPARÉE DES ROIS D'ANGLETERRE
ET DES ROIS DE FRANCE.**

www.ingramcontent.com/pod-product-compliance
Lightning Source LLC
Chambersburg PA
CBHW070756280326
41934CB00011B/2949